VENTE
du Jeudi 30 Mai 1907
HOTEL DROUOT, SALLE N° 10

ESTAMPES
ANCIENNES
de toutes les Ecoles
EAUX-FORTES, LITHOGRAPHIES
PORTRAITS
Costumes, Vignettes, Vues
DESSINS
LIVRES ET RECUEILS

❧ MAI 1907 ❧

Commissaire-Priseur :

Mᵉ MAURICE DELESTRE

Expert :

M. PAUL ROBLIN

CATALOGUE

D'ESTAMPES

ANCIENNES

DE TOUTES LES ÉCOLES

Principalement de l'Ecole Française du XVIII· siécle

EAUX-FORTES, LITHOGRAPHIES

PORTRAITS

Costumes, Vignettes, Caricatures

PIÈCES SUR LA RÉVOLUTION FRANÇAISE

DESSINS

Gravures en lots

LIVRES & RECUEILS

Dont la Vente aux Enchères aura lieu

HOTEL DES COMMISSAIRES-PRISEURS, Rue Drouot, N° 9

Salle N· 10

Le Jeudi 3o Mai 1907, à deux heures

COMMISSAIRE-PRISEUR :	EXPERT :
Me Maurice DELESTRE	M. Paul ROBLIN
5, Rue Saint-Georges, 5	65, Rue St-Lazare

PARIS 1907

CONDITIONS DE LA VENTE

Elle sera faite au comptant.

Les Acquéreurs paieront *dix pour cent* en sus des enchères.

L'Expert se réserve la faculté de rassembler ou de diviser les lots, et remplira, aux conditions d'usage, les Commissions que voudront bien lui confier MM. les Amateurs.

DÉSIGNATION

ESTAMPES

ALIX (P. M.)

1. *Molière.* Ovale in-4, d'après Mignard. Très belle épreuve imprimée en couleurs, grandes marges.

ANONYME

2. *Fénelon,* archevêque de Cambrai, ovale in-4, imprimé en couleurs. Très belle épreuve avant toutes lettres, grandes marges.

ARTISTE (Pièces publiées par l')

3. Eaux-fortes et lithographies par Johannot, Devéria, Boulanger, etc., *sujets romantiques.* Quarante-quatre pièces.

BAUDOUIN (d'après P. A.)

4. Le Curieux, par P. Maleuvre. Très belle épreuve, petites marges.

BEAUME (d'après)

5. Le Roi boit, par Geoffroy, in-fol. Belle épreuve.

BELLANGÉ (Hipp.)

6. Tiens bon Turc ! — En Orient. — Les Gardes de la Porte. — A Gallipoli. Suite de quatre lithogr. in-fol. en larg. Belles épreuves.

BELLANGÉ et CHARLET

7. Sujets d'albums, Costumes militaires. Soixante-dix lithographies in-4.

BLANCHARD, DAMBRUN, DUPRÉEL

8. *Deshoulières (Mme). — Ninon de Lenclos. — Grécourt. — Lesage. — Bossuet. — Boileau. — Fénelon. — Racine.* Seize portraits in-18 et in-8, la plupart avant la lettre.

BOILLY (d'après L.)

9. La Leçon d'Amour conjugale, par Petit. Epreuve d'une ancienne réimpression.

10. La Précaution, par S. Tresca. Epreuve avec petites marges.

BOISSIEU (J. J. de)

11. Partie de son Œuvre. Vingt-huit pièces de divers formats, la plupart en réimpression.

BOIZOT (d'après)

12. La Bienfaisance, par Gautier l'aîné. Belle épreuve imprimée en couleurs, marges.

BONNET (L. M.)

13. The Good mother, d'après Lagrenée, in-4. Belle épreuve imprimée en couleurs, encadrée.

BOREL (d'après Ant.)

14. La Famille en goguette. — La Ruse d'amour. Deux pièces faisant pendants, par P. Baquoy. Belles épreuves, marges.

15. Il a cueilli ma rose, par G. Vidal. Belle épreuve, marges.

BOUCHER (d'après Fr.)

16. La Bergère endormie. — Le Tribut de la reconnaissance. Deux pièces par J. Daullé et Eberts. Belles épreuves.

BOUCHER (d'après Fr.)

17. Hommage champêtre. — Triomphe de Pomone. — Triomphe de Priape. Trois arabesques en haut. par Cochin le fils et Duflos. Epreuves à toutes marges.

18. Le Pasteur galant. — Teste de femme. — Le Berger galant. Trois pièces par Hertel et Huquier. Belles épreuves, une est sans marges.

19. Vénus couchée sur un dauphin, par J. C. Levasseur. Belle épreuve.

20. Vulcain présentant à Vénus des armes pour Enée. In-fol. par Danzel. Epreuve à toutes marges.

BOUCHER, BENAZECH, VERNET (d'après)

21. Paysage. — Vue des environs de Bayonne. — The Strom. Trois pièces in-fol. en larg.

BOUCHER ET BOREL (d'après)

22. L'Attention dangereuse. — L'Abandon voluptueux. Deux pièces faisant pendants, par A. F. Dennel. Belles épreuves, petites marges.

BOULANGER (d'après)

23. Les Orientales. *Lithogr. de Ch. Motte.* Belle épreuve à toutes marges.

BUHOT (Félix)

24. Les Oies. Belle épreuve d'artiste du 1er état, inachevée.

25. Vignettes et Frontispices. Cinq pièces. Epreuves d'artiste ou avant la lettre.

CALLOT (J.)

26. La Vie de l'Enfant prodigue, titre et dix pièces. — Le Massacre des Innocents. — Vue de Paris, etc. Ensemble quatorze pièces.

CARRACHE (d'après Ann.)

27. L'Attente du plaisir, par L. Lempereur. Belle épreuve, petites marges.

CATHELIN (L. J.)

28. *Bossuet* (J. B.), Évêque de Meaux, d'après H. Rigaud. Deux épreuves dont une avant la lettre, grandes marges.

CHAHINE (Edgar)

29. Le Matin aux Acacias. Eau-forte (Ep. n° 16). Encadrée.

CHALLE (d'après M. A.)

30. La Mort de Didon. — La Mort d'Hercule. Deux pièces faisant pendants, gravées par J.-B. Michel. Belles épreuves, grandes marges.

CHARDIN (d'après J. B. S.)

31. La Ménagère. — La Ratisseuse. Deux pièces. *A Paris, chez Crépy*. Epreuves avec petites marges.

CHASTILLON (d'après de)

32. Victor Hugo et son fils. Lithogr. in-4 par Benjamin, publiée par *Psyché*. Belle épreuve.

CHOFFARD (P. P.)

33. *La Rochefoucauld* (François VI, duc de), in-8, d'après Petitot. Deux épreuves en différents états, marges.

COQUERET

34. Chevau-léger. — Lancier Polonais. — Lancier tenant son cheval par la bride. Trois pièces d'après C. Vernet. Très belles épreuves avant la lettre, grandes marges.

COSTUMES

35. Parizer Coeffuren. *Berlin*, 1799. Suite de un titre et quarante sujets de coiffures, in-18. Très belles épreuves. Collection rare.

36. Un Siècle de modes féminines, 1794-1894. Quatre cents toilettes. *Paris, Charpentier et Fasquelle*, 1894, in-12 br., couverture.

COUCHÉ

37. Couronnement de Voltaire au Théâtre français. — Translation des Cendres de Voltaire au Panthéon. Deux pièces en double état. Eaux-fortes pures et avant la lettre.

COURBET (d'après G.)

38. La Curée. Lithographie in-fol. par Em. Vernier. Belle épreuve.

COUSINS (Samuel)

39. *Peel* (The Right Honourable Sir Robert), in-fol. d'après Sir Thomas Lawrence. Très belle épreuve avec la lettre grise, marges.

COYPEL (d'après Ant.)

40. Thémire. — *Entre deux mouvements sans cesse partagée...* Deux pièces par Surugue et Lépicié.

DEMARTEAU (G.)

41. *Huet* (J.-B.) d'après lui-même, frontispice orné, in-4. Belle épreuve à la sanguine.

DEMARTEAU, JANINET

42. Paysages. — Vue de Rome. Trois pièces à la sanguine d'après J.-B. Le Prince et Delobele. Belles épreuves.

DENON (Vivant)

43. *Zani* (l'abbé). In-4. Belle épreuve.

DESBOUTINS (M.)

44. Le Repos de Bébé. — Portraits. Trois pièces. Belles épreuves avant la lettre.

DESROCHERS

45. Portraits de personnages célèbres. Vingt-sept pièces in-8. Belles épreuves.

DESSINS

46. **Bouchardon**. La Musique. Sanguine, signé.

47. **Brauwer** (attribué à). Intérieur de Cabaret. Plume et lavis.

48. **Charlet**. Soldat en goguette. Belle aquarelle, signée.

49. **Charlet**. L'Amateur de violon. Crayon noir, signé et daté 1838.

50. **Cicéri**. Paysage avec ruines. Aquarelle, signée.

51. **Cochin** (Joséphine). Paysage avec cours d'eau et pêcheur. Aquarelle signée : *Joséphine Cochin, 91*.

52. **Delacroix** (A.). Marine. Sépia rehaussée de gouache, signé.

53. **Delacroix** (attribué à Eug.). Une arrestation. Aquarelle, 1825.

54. **Demachy**. Paysage. Aquarelle.

55. **Dorcy**. Portraits de femmes. Cinq aquarelles, une est signée.

56. **Ecole Ancienne**. Vingt-un dessins et aquarelles par ou attribués à Le Bourguignon, Cochin, Parrocel, Drouais, Desportes, Pater, De Billy, H. Robert, etc.

57. **Ecole Française XVIIIe siècle**. Portrait du Dauphin, père de Louis XVI. Pastel ovale.

58. **Ecole Française XVIIIe siècle**. Portrait de Bühl, 1er violon à la Cour de Louis XVI. Pastel ovale.

59. **Ecole Française XVIIIe siècle**. Portrait de Charles de Baschy, marquis d'Aubais. Pastel ovale.

60. **Ecole Française XVIIIe siècle**. Portrait de jeune femme. Pastel ovale.

DESSINS

61. **Ecole Française**. Jeune femme assise tenant une cruche. Sanguine.

62. **Ecole Moderne**. Seize dessins et aquarelles, par Yvon, Both, V. Adam, J. Gigoux, Pille, etc.

63. **Ecole Moderne**. Sujets d'illustrations. — Porteuse d'eau. etc. Dix-sept pièces, plume et aquarelle.

64. **Guidotti** (Léonardo). Pont sur un ravin. — Arc de triomphe. Deux pièces à la plume et à l'aquarelle.

65. **Guys** (Constantin). Dans un bouge. Crayon noir et aquarelle.

66. **Hédouin** (Ed.). Le Pêcheur à la ligne. Plume, signé.

67. **Jacomi**. Eglise de Village. Sanguine. signé.

68. **Jacque** (Ch.). Paysage. Crayon noir, signé.

69. **Langlin** (V. C.). Danseuse italienne. Aquarelle, signée et datée : Rome, 1870.

70. **Lemonnier**. Quatre dessins à la plume, signés. Histoire de Bernard Palissy.

71. **Nymegen** (Van). Halte d'un traineau. Crayon noir.

72. **Pinchon**. Portrait de femme. Aquarelle signée et datée 1812.

73. **Romain** (Jules). Sujet religieux. Esquisse à la plume.

74. **Staub**. Portrait d'homme et de femme. Crayon noir et aquarelle, signés.

75. **Traviès** (E. J.) " Ma foi ! je me suis décidé à ne pas faire imprimer des cartes de visites cette année ? " Belle aquarelle signée.

DESSINS

76. **Van Velde**. Paysage avec barque. Plume et lavis, signé.

77. **Vernet** (attribué à J.). Le Pont Saint-Ange à Rome. Mine de plomb.

78. **Verschuring**. Attaque de cavaliers. Lavis d'encre de chine.

79. **Witt** (J. de). Allégorie, Le Parnasse. Plume et lavis d'encre de chine, signé.

80. **Witt** (J. de). Pastorale. Plume et aquarelle, signé.

DEVÉRIA (A.)

81. *Hugo* (Victor). Lith. in-4. Très belle épreuve sur papier de Chine, grandes marges.

82. *Lamartine* (A. de). Lithogr. in-fol. Très belle épreuve sur papier de Chine à toutes marges.

83. *Vigny* (A. de). Lithogr. in-fol. Très belle épreuve sur papier de Chine, grandes marges.

DIVERS

84. Vignettes Refusées d'Eisen pour les Contes de Lafontaine 1762. Eaux-fortes modernes par Ch. Jacque Hillemacher. Lithographies, etc. Trente-six pièces.

85. Recueil d'arabesques par Fay. — Collection de Gobbi par Callot. — Etudes d'animaux, croquis, etc. Environ soixante pièces.

86. Costume militaire. — Imagerie religieuse et sujets divers, avec entourages à l'Aquarelle. Vignettes, Portraits, etc. Environ quatre-vingts pièces.

DIVERS

87. Eaux-fortes d'après divers artistes. — Photographies d'après Delacroix, etc. Environ quatre-vingt-dix pièces dans un portefeuille.

88. Deux peintures et deux cadres vides.

89. Catalogues illustrés de ventes. Plans et cartes. Album de gravures chinoises, etc., un lot.

90. Photographies d'après Millet et Delacroix. — Eaux-fortes. — Estampes chinoises et japonaises. Environ deux cent cinquante pièces dans un portefeuille.

91. Sous ce numéro il sera vendu par lots, quatorze pièces : Peintures, dessins et gravures encadrés.

91 *bis.* Environ cinq cents gravures seront vendues par lots.

DRAVONBY, LEROY DE LIANCOURT (d'après)

92. La Petite Glaneuse. — Je les destine à l'Amitié. Deux pièces par Aug. Legrand et Duthé. Belles épreuves.

DROLLING (d'après)

93. Orphée, par F. Garnier. Belle épreuve avant la lettre, grandes marges.

DROLLING, GUÉRIN, PRUD'HON (d'après)

94. Vue de l'intérieur d'une Cuisine. — Vue de l'intérieur d'une Salle à manger. — La Brouille. — La Vengeance de Cérès. Quatre pièces.

DUBUFE (d'après)

95. Souvenirs. — Regrets. Deux pièces faisant pendants, gravées à la manière noire par S. W. Reynolds. Très belles épreuves, marges.

DUTAILLY (d'après)

96. La Puce à l'oreille, par Parf. Augrand. Epreuve imprimée en couleurs, encadrée.

EAUX-FORTES MODERNES

97. Portraits, Paysages et Sujets divers. Soixante-cinq pièces avant la lettre sur Chine ou sur Hollande.

ECOLE ANGLAISE

98. Jeune Bacchant traînant une tête de veau. Epreuve en couleur, sans marges.

99. Etudes de têtes. — Angelica and Médora. — Terpsichore. — Vénus et Cupidon. Six pièces par Bartolozzi, Tassaert, Dien et Clarke.

100. The Flingt. — Paysage. — Richmond. Trois pièces in-fol. en larg.

101. Sincerity. — Damon and Philis. — Lady Corolinine Maxse. — Le Billet doux. — Metallic tractor. Cinq pièces dont une coloriée.

102. La Chasse. — The Rosebud of Summer. — *John Willis* (M^r). Writing master. — *Wales* (Georges Prince of).— *Emma*. — *Green* (M^{rs}). — Betty. — Le Conseil des Grâces. Sept pièces dont six gravées à la manière noire.

ECOLES FLAMANDE ET HOLLANDAISE

103. Estampes gravées à l'eau-forte et à la manière noire, d'après les meilleurs artistes des XVIIe et XVIIIe siècles. Vingt-sept pièces de tous formats.

104. Sujets variés. Paysages, Vues, etc. Trente-cinq pièces.

ECOLE FRANÇAISE DU XVIII· SIÈCLE

105. Portraits de Peintres, Gravures d'après Loutherbourg, Vernet, Rigaud, etc., Vues d'optique en couleurs. Quarante pièces de tous formats.

ECOLE FRANÇAISE DU XVIII' SIÈCLE

106. Sanguines par Demarteau. Eaux-fortes par de Boissieu. Estampes et Sujets variés. Vingt-huit pièces de tous formats.

ECOLE FRANÇAISE

107. Le petit Soldat, in-4, en larg. Belle épreuve avant toutes lettres, marges.

108. La Scavante, d'après Jeaurat. — Marine, d'après Vernet. Les Canadiens au tombeau de leur enfant, d'après Le Barbier, etc. Cinq pièces.

109. Estampes d'après Boucher, Greuze, Fragonard, etc. Treize pièces, réimpressions.

110. Le Fandango. — Sujets d'Amours. — Daphnis présente Philis à son père. — Reproches de Daphnis à Philis. Cinq pièces en couleurs.

111. Belisaire. — Caricatures et Sujets variés. — Eau-forte d'après Delacroix, etc. Dix pièces.

112. Sujets divers : Amours, Portraits, etc. Vingt-huit pièces de tous formats.

ECOLE MODERNE

113. Caricatures, Portraits, Scènes et Sujets militaires, Napoléon, etc. Cinquante-cinq pièces de tous formats. Plusieurs sont coloriées.

EDELINCK (G.)

114. Sainte Madeleine, d'après Ch. Le Brun, in-fol. Belle épreuve.

• EGUSQUIZA

115. *Goya* (Francesco). Eau-forte in-fol. Très belle épreuve d'artiste avant toutes lettres, sur japon, signée par le graveur.

EGUSQUIZA

116. *Wagner* (Richard). Eau-forte in-fol. Très belle épreuve d'artiste avant toutes lettres, sur japon, signée par le graveur.

EISEN, FOREST (d'après)

117. L'Amour asiatique — La Nouvelle Mariée. Deux pièces par Basan et Charpentier. Belles épreuves.

FICQUET (Et.)

118. *Montaigne* (Michel de). 2 épr. — *Regnard*. Trois portraits in-8. Belles épreuves, marges.

FREUDENBERG (d'après J.)

119. Le Petit Jour, par N. de Launay. Belle épreuve, petites marges.

GALERIE DE VERSAILLES

120. Batailles. Paysages. Portraits. Environ cent pièces.

GAUCHER (Ch. S.)

121. *Cervantès*. — *Corneille*. — *Racine*. Huit portraits in-8 dont plusieurs en double état, avant et avec la lettre, grandes marges.

GAUTIER DAGOTY (Edouard)

122. La Grange, d'après de Machy. Belle épreuve imprimée en couleurs, rare.

GAVARNI

123. Masques et visages. 1 vol in-4, cart.

GAVARNI (d'après)

124. Le Lansquenet. — La Présentation. Deux lithographies in-fol. en larg. Très belles épreuves sur papier de Chine à toutes marges.

GÉRARD (d'après Mlle)

125. L'Elève intéressante, par Vidal. Epreuve sans marges de trois côtés.

GÉRARD (d'après F.)

126. L'Attaque. — Le Départ. — Le Regret. — Le Repos.
Quatre pièces, sujets d'amours, gravées par J. L.
Potrelle. Belles épreuves.

GIGOUX, NOEL, LAFOSSE

127. *Dumas (Alex.). — Hugo. — Vigny. — Hauman. — Choi-
seul (Duc de). — Lemaitre (Fr.). — Janin. — Delaroche.
— Gérard.* Seize lithographies in-4, à toutes marges.
Epreuves sur papier de Chine.

GRANDVILLE (J. J.)

128. Affiche illustrée pour : *Scènes de la Vie privée et publique
des Animaux.* In-fol. en noir et en couleurs. (A été pliée).

129. *Tribulations.* Suite de douze lithographies in-4. Tirage en
noir, grandes marges.

130. *Voyage pour l'Eternité.* Suite de neuf lithographies in-4 en
larg. Tirage en noir, grandes marges.

131. La même collection. Très belles épreuves coloriées, gd in-4,
cart., couverture. (Manque la planche 9).

GRAVELOT (d'après Hub.)

132. L'Ecole des garçons. — Marche militaire. — Le Caffé. —
La Tragédie. — La Laiterie. Cinq petites pièces avec
entourage rocaille, par Bacheley. Belles épreuves, marges.

133. Sujets pour les Fables de Lafontaine, avec entourages ornés.
Dix pièces par Bachelier, tirées deux à la feuille.

GREUZE (d'après J B.)

134. Les Œufs cassés, par P. E. Moitte. Très belle épreuve
avant toutes lettres, petites marges.

135. La Bonne éducation. — Le Petit napolitain. — La Pares-
seuse. Trois pièces par Ingouf et Moitte. Belles épreuves
la 1re est sans marges.

GUDIN (T.)

136. Essais à l'eau-forte par T. Gudin, 1er cahier, suite de six pièces in-4 avec la couverture illustrée de publication.

HAID (J. G.)

137. David et Absalon, d'après Ferd. Boll. In-fol. à la manière noire. Belle épreuve, petites marges.

HENRIQUEL-DUPONT

138. Lord Strafford, d'après Paul Delaroche. Belle épreuve avec la lettre grise sur papier de Chine à toutes marges.

HODGES (C. H.)

139. A Contemplative-Youth. — A Good Boy. Deux pièces in-4, gravées à la manière noire, d'après C. Borckhardt et S. J. Reynolds. Très belles épreuves, grandes marges, encadrées.

HUET (d'après J.-B.)

140. Le Célibat, par Clément. Belle épreuve, marges.

141. Tête de Jeune fille, couverte d'un voile et couronnée de roses, par Bouvet. Très belle épreuve imprimée en couleurs, sans marges, cadre doré avec fronton.

INGOUF LE JEUNE

142. *Rousseau* (J.-J.). In-18, d'après C. P. Mariller. Trois états différents dont l'eau-forte pure, rare.

JAZET

143. *Louis-Philippe Ier*, Roi des Français. In-fol., d'après Gosse. Très belle épreuve avec la lettre grise, à toutes marges.

144. Chef de Mamelucks. — Mameluck au Combat. — Mameluck au grand galop. — Mameluck au repos. Suite de quatre pièces en haut., d'après Carle Vernet. Belles épreuves, grandes marges.

JAZET

145. Cheval allant au manége. — Cheval au vert. — Cheval arrivant de la chasse. — Cheval échappé. Suite de quatre pièces grand in-fol. en larg. Belles épreuves, marges.

146. Le Haras. — Le Marché aux chevaux. — Le Départ pour la guerre. Trois pièces in-fol. en larg. d'après H. Lecomte. Belles épreuves, grandes marges.

147. Montfaucon, d'après H. Lecomte. Belle épreuve, grandes marges.

JEAURAT (d'après)

148. L'Enfance chimiste. — Le Goûté. — L'Accouchée. — Le Fiacre. Quatre pièces. Belles épreuves.

KAUFFMANN (d'après Ang.)

149. Portrait de la Princesse X..., par Raph. Morghen. In-fol. Belle épreuve, marges.

LAUNAY (Nic. de)

150. La Gayeté de Silène. — La Gaieté conjugale. — La Félicité villageoise. Quatre pièces d'après Baudouin, Bertin et Freudenberg. Tirage de Marel.

LAVREINCE (d'après Nic.)

151. La Consolation de l'Absence, par N. de Launay, Belle épreuve, marges.

LAWRENCE (d'après sir Th.)

152. Dame anglaise " *The Countess of Blessington* ", gravé à la manière noire par S. W. Reynolds. Epreuve coloriée. Tirage postérieur.

LEBRUN (d'après)

153. La Déclaration d'amour, par Patas. Très belle épreuve sans marges.

LE CLERC, LE NAIN (d'après)

154. Sujets d'ornements. — Le Bénédicité flamand. — Le Vieillard complaisant. Quatre pièces. Belles épreuves.

LE MESLE (d'après P.)

155. Lazarille de Tormes. Onze planches pet. in-fol. Belles épreuves à toutes marges.

LEVACHEZ

156. Mamelucks. Trois pièces gr. in-4 en larg., d'après Horace Vernet. Belles épreuves.

LEVILLY (J. P.)

157. La Danse. — La Musique. Deux pièces faisant pendants, d'après Benwell. Très belles épreuves, grandes marges.

158. La Leçon de musique. Belle épreuve encadrée.

LITHOGRAPHIES

159. Pages d'Albums et Sujets militaires, par Bellangé, Charlet et Raffet. Trente-trois pièces. Belles épreuves.

160. Portraits de femmes et sujets variés, par Devéria, Maurin, Madou, etc. Vingt-trois pièces de tous formats.

LITHOGRAPHIES ET ECOLE MODERNE

161. Sujets militaires, par Charlet, Bellangé et autres. Portraits et sujets de divers genres. Trente-deux pièces de tous formats. Plusieurs sont coloriées.

LONGUEIL (de)

162. *Bossuet*, in-8, d'après H. Rigaud. Très belle épreuve avant les noms d'artistes, à toutes marges.

LOUIS XVI (Pièces sur)

163. *Monument d'allégresse*. La France présente au Dieu Mars, le nouveau Prince, Charles duc de Normandie, etc. ; in-4, par Godefroy. Belle épreuve.

MACHY (d'après de)

164. L'Ecurie du Pape Jules II. Gravure au lavis, sans marges, encadrée.

MALLET (d'après)

165. L'Instinct de la Musique, par Prot. Belle épreuve.

MERCURY (P.)

166. Les Moissonneurs dans les Marais Pontins, d'après Léop. Robert. Belle épreuve avant la lettre, à toutes marges.

MERYON (Ch.)

167. Présentation au roi Louis XI, du *Valère* Maxime, imprimé à Paris vers 1475 (Ph. B. 25). — Rue des Chantres (56). — Le ministère de la marine (82). — Bain froid Chevrier (84). Quatre pièces à l'eau-forte, dont deux avant la lettre.

MONDON LE FILS (d'après)

168. L'Heureux moment, par Aveline. Belle épreuve.

MOREAU LE JEUNE (d'après J. M.)

169. La Dame du Palais de la Reine, par P. A. Martini. Très belle épreuve avec les lettres A. P. D. R. ajoutées. Grandes marges.

170. Memnon, ou l'Ecueil du Sage, par Vidal ; in-fol. Belle épreuve, grandes marges.

MOREAU

171. L'Amant surpris. — L'Oiseau chéri. Deux pièces en couleurs.

MONSALDY

172. *Isabey* (J.-B.), Peintre, ovale in-8 d'après Singry. Belle épreuve à toutes marges.

MORLAND (d'après G.)

173. Domestic Happiness. — Dressing for the masquerade. — The Fair Penitent. Trois pièces de l'Histoire de Lœtitia, gravées par Bartolotti. Epreuves avec marges.

MOUCHERON (d'après Isaac)

174. La Pleine Moisson, par E. de Ghendt. Belle épreuve, grandes marges.

NANTEUIL (Célestin)

175. Frontispice in-4. Personnages gothiques, 1836, in-4 (H. B. 29). Très belle épreuve d'artiste avec griffonis dans la marge du bas à gauche.

176. Catherine Howard. — Lucrèce Borgia. Deux frontispices in-8 à l'eau-forte. Belles épreuves.

NAPOLÉON (Pièces sur)

177. *Napoléon I*er*. — Bonaparte. — Joséphine. — Marie-Louise. — La Reine Hortense. — Pauline Borghèse. — Le Roi de Rome*, etc. Réunion de quarante-cinq portraits in-8 et in-4. Très belles épreuves d'artistes, avant la lettre ou à l'eau-forte, rare.

178. Cranoscopie et Physiognomonie de Napoléon Bonaparte et de ses principaux compétiteurs. Gr. in-fol. *Imprimé chez Hippolyte Tilliard.*

179. Bataille de la Bérézina. — Bataille de la Moskowa. Deux pièces par Lebeau d'après Naudet, marges.

NATTIER, PARROCEL, PATER (d'après)

180. La Force. — La Souris. — La Belle Bouquetière. Trois pièces.

NOLIN (d'après)

181. *Molière* ; in-4. Belle épreuve, grandes marges.

ORNEMENTS

182 **Piat** (F. Eugène). Art décoratif. Trente-cinq compositions
inédites. Croquis au fusain. *Paris, J. Rouam et Cie,
1897*, in-fol. cart. de publication.

183. Dix-sept pièces par Boucher, Huquier, Simonneau et
autres.

184. Guide pratique du Jardinier Paysagiste à l'usage des Pro-
priétaires, Amateurs, Architectes, Ingénieurs. Jardi-
niers, etc., par R. Liebeck. *Paris, Rothschild, 1870*. Vingt-
huit pièces.

OUDRY (J.-B.)

185. Sujets pour le Roman comique de Scarron. Onze pièces
in-fol. Belles épreuves, marges.

PÉRONNET (d'après)

186. La Pélerine. — Le Troubadour. Deux pièces par Charlès.
Belles épreuves imprimées en couleurs, marges.

PEYRON (d'après)

187. La Course. — Sujets mythologiques. Trois pièces en forme de
frises. Belles épreuves avant la lettre, une est imprimée
en couleurs.

PHILIPPEAUX

188. Lovelace in Prison. — Love triumphant over Reason.
Deux pièces ovales in-4, d'après Le Rigaud et Verni-
mont. Belles épreuves à toutes marges.

PIERRE, HUBERT ROBERT (d'après)

189. La Maîtresse d'École. — La Cuisinière Italienne. Deux
pièces.

PORTRAITS

190. Personnages anciens et modernes. Cinquante-cinq pièces
de tous formats.

PORTRAITS

191. Littérateurs, Ecrivains, Poëtes, etc., in-8 en pied, publiés
par *Janet*. Cinquante-cinq portraits. Epreuves avant la
lettre ou à l'eau-forte pure. La plupart à toutes marges.

192. Ecrivains, Poëtes, Savants etc. Quarante portraits in-8,
ovales, gravés par Roger, Taurel, Tardieu et autres.
Epreuves avant la lettre ou à l'eau-forte pure, marges
in-4.

193. Personnages divers in-18, publiés par la Bibliothèque française. Trente-quatre portraits avant la lettre ou à l'eau-
forte, grandes marges.

PRUD'HON (d'après P. P.)

194. L'Enlèvement de Psyché, par Müller. — La Vertu aux
prises avec le Vice, par Roger. — Le Zéphir, par Lau-
gier. Trois pièces in-4 et in-fol.

RAFFET (Aug.)

195. Affiche pour l'Histoire de Napoléon par M. de Norvins.
Edition Furne. In-fol. Belle épreuve.

RAMBERG (d'après L. H.)

196. Lavinia et sa mère, par J.-B. Gauthier. Ovale in-4. Belle
épreuve à toutes marges.

REGNAULT (N. F.)

197. Ah ! s'il s'éveillait. Belle épreuve sans marges.

REMBRANDT

198. Le Grand Coppenol, 5e Etat. — Portrait d'homme. Deux
pièces. Belles épreuves.

REMBRANDT (d'après)

199. La Ronde de nuit. — Jésus guérissant les malades. — Le
Graveur. Trois pièces par Flameng et Rajon. Epreuves
avant la lettre, une est signée par le graveur.

RÉVOLUTION (pièces sur la)

200. Suite de vingt-cinq titres avec sujets. Quatre-vingts portraits et soixante-seize planches in-8 et in-4 pour illustrer une histoire de la Révolution Française, publiée en Hollande. Ensemble 183 pièces. Très belles épreuves du premier tirage.

201. Quatorze portraits doubles des précédents. Rares épreuves avant la lettre, marges.

202. Recueil de portraits de quelques députés célèbres à l'Assemblée nationale de France en 1789. — Généraux. Dessinés par J. Guérin, gravés par Fiésinger. Belles épreuves en bistre et en noir à grandes marges, dans la couverture imprimée de publication.

203. Neuf vignettes et vingt-deux portraits in-18. Pour un *Précis de l'histoire de la Révolution*. Epreuves avant la lettre, collection rare.

204. Les Habitants de Vienne distribuent des secours aux blessés français qui reviennent par la Land-Strasse, par Gros. In-4 en couleurs.

205. *Pauvre mourant, quelle est ta folie ?* Pièce satyrique sur Mirabeau. Belle épreuve coloriée.

206. *Lafayette. — Carnot. — Rewbel. — Barthélemy. — Reveillière-Lépeaux. — Beurnonville. — Hoche.* Huit portraits par Bonneville. Epreuves à toutes marges.

207. Portrait de Necker et Sujets historiques. Six petites pièces en médaillons.

208. Déclaration des droits de l'homme et autres sujets, avec portraits de Lafayette, Mirabeau, etc. Six pièces in-fol. à la manière noire, à toutes marges.

209. Réunion de quatre-vingt-dix portraits in-8, publiés chez Furne, Pourrat et autres pour servir à l'illustration de la Révolution, du Consulat et de l'Empire. Belles épreuves, la plus grande partie avant la lettre.

RÉVOLUTION (pièces sur la)

210. Cinquante-cinq vignettes in-8 en larg., d'après Johannot, Scheffer et autres. Épreuves sur papier de Chine à toutes marges.

211. Quarante figures in-12, d'après Raffet, *pour l'Histoire de la Révolution française*. Épreuves sur papier de Chine, grandes marges.

212. Vingt-neuf figures in-8 en larg., d'après A. Scheffer. Belles épreuves avant la lettre sur papier de Chine.

ROBBE (Manuel)

213. Roman sentimental, gravure en couleur. Epr. (n° 45) encadrée.

ROBERT (d'après Léopold)

214. Fête de la Madone de l'Art. — Les Moissonneurs dans les Marais Pontins. Deux pièces in-4 en larg. faisant pendants par Desclaux et Pichard. Épreuves à toutes marges.

RUBENS (d'après P. P.) et CARRACHE

215. Images Farnesiani Cubiculi. Suite de douze pièces in-fol. Tirage postérieur.

SAINT-AUBIN (Aug. de)

216. *Boileau*, in-8, publié en tête *des Œuvres* édit. Renouard. Quatre épreuves en états différents dont l'eau-forte pure. Grandes marges.

217. Littérateurs. Savants. Femmes célèbres. Trente-sept portraits in-12 et in-8, parus dans le *Voltaire de Renouard*. Épreuves avec et avant la lettre, plusieurs à l'eau-forte pure.

SAINT-AUBIN, SCHENAU (d'après)

218. La Comparaison du Bouton de rose. — La Méditation. — Les Premiers pas de l'Enfance. — Le Maître de Guitare. Quatre pièces. Belles épreuves.

SAVART (P.)

219. *Boileau* (Nic.). — *Fénélon.* Deux portraits in-8. Très belles épreuves, grandes marges, avec la 1re adresse. *Barrière de Fontarabie.*

220. *Boileau.* — *Condé* (Prince de). — *La Bruyère.* — *La Fontaine.* — *Rabelais.* — *Rousseau* (J.-B). Six portraits in-8. Belles épreuves, marges.

SCHALL (d'après)

221. Histoire de Don Quichotte. Suite de six pièces in-fol. en larg. gravées par Descourtis. Très belles épreuves imprimées en couleurs, grandes marges.

SCHLESINGER (d'après

222. Comment l'esprit vient aux garçons ! — Comment l'esprit vient aux filles !... Deux lithographies in-fol. en larg., par L. Noël et S. Tessier. Belles épreuves sur papier de Chine.

SCHUTZ (C.)

223. Entrée du château de Schœnbrunn. *A Vienne, chez Artaria.* Belle épreuve en couleurs, grandes marges.

SECKATZ (d'après)

224. Danse d'enfants par J.-H. Apel. Belle épreuve avant la lettre, marges.

SERGENT (d'après)

225. Vues de Paris en médaillons. Dix pièces par Le Campion. Très belles épreuves imprimées en couleurs, grandes marges.

SICARDI (d'après)

226. Come la trovate ! par Copia. Belle épreuve avant la lettre, grandes marges.

SIXDENIERS

227. Le Roman, d'après A. Pages. In-fol. en larg. à la manière noire. Belle épreuve, marges.

SPORTS

228. Promenades équestres. Huit lithographies par Jaime, d'après Alfred de Dreux. Belles épreuves coloriées à toutes marges.

SWANEVELT (Herman Van)

229. Recueil de Paysages. Trente-six pièces in-4 obl. br.

THÉATRE (Pièces sur le)

230. Portraits d'acteurs et d'actrices. Eaux-fortes, gravures et lithographies, environ cinquante pièces de tous formats.

THOUVENIN (Th.)

231. Chut ! elle dort. — Paix ! désobéissant. Deux pièces en larg., faisant pendants, d'après Wilkie et Mme Haudebourt-Lescot. Marges.

TROLL

232. Bosquet du Centaure Chiron dans le Jardin des Tuileries. In-4. Belle épreuve en couleurs, grandes marges.

TRUMBULL (d'après J.)

233. Death of Général Montgomméry, in-fol., par J. F. Clémens. Très belle épreuve avec la lettre grise, grandes marges.

VAN SCHUPPEN, WILLE (d'après)

234. La Cuisinière. — La petite Boudeuse. — Les Offres réciproques. — L'Autel de l'Amour. Belles épreuves. La 2e est avant la lettre.

VERNET (Carle)

235. Bivouac de Cosaques. Lithographie originale in-fol. *Chez de Lasteyrie*. Très belle épreuve.

236. Hussard au galop. — Dragon maîtrisant un cheval. Deux lithographies originales. *Chez de Lasteyrie*. Belles épreuves.

VIEN (d'après)

237. Le Repos, par Legrand. Belle épreuve avant la lettre, petites marges.

VIGNETTES

238. **Héptaméron**. Cinquante-cinq figures in-8, d'après Freudenberg, pour l'*Edition de Berne*. Belles épreuves.

239. **Lafontaine**. Réunion de quarante-une planches in-8, d'Eisen, pour les *Contes*. Edition des Fermiers Généraux, 1762. Dans ce nombre sont 16 *planches réfusées* anciennes et trois planches découvertes de l'Edition Barraud.

240. **La Fontaine**. Un portrait et soixante-douze figures in-18, tête de page d'après Duplessis-Bertaux, Sergent, Dugoure, Monnet et autres. Epreuves sur papier de Chine, m., in-8. Tirage de Leclère.

241. **La Fontaine**. Soixante-neuf figures in-18, d'après Duplessis-Bertaux, Sergent, Monnet, Dugoure, Chasselat, Desenne, Le Roy, etc., pour *les Contes*. Epreuves anciennes, alternées avec les planches réduites en tête de page.

242. **Lafontaine**. Réunion de dix-sept figures in-18, pour les *Contes*, tirées des éditions de Boccace, d'après Marillier et Gravelot. Epreuves remargées pour la plupart.

243. **Lafontaine**. Quatre-vingt-sept figures in-18, d'après Desenne et autres, pour *les Contes*. Ed. Nepveu. Belles épreuves avant la lettre, et plusieurs avant la draperie, grandes marges.

244. **Lafontaine**. Sujets variés pour *les Contes*, d'après Gravelot, Desrais, Choffard, Desenne, Lebarbier, etc. Vingt-neuf pièces in-18 et in-12. Belles épreuves.

245 Sujets d'illustrations par ou d'après Eisen, Prudhon, Moitte, Girodet, Desenne. Quarante pièces in-8 et in-4.

WARD (W.)

246. *Huskinson* (The Right Honble William), in-fol. d'après
Graham. Très belle épreuve avec la lettre au trait,
marges.

WATTEAU (D'après Ant.)

247. La Signature du Contrat de la Noce de Village, par Ant.
Cardon. Epreuve d'une ancienne réimpression.

WEST (d'après B.)

248. The Death of général Wolff, par Aug. Legrand ; in-fol.
Epreuve à grandes marges.

249. La Mort du général Wolf à Québec. — Charles II, roi
d'Angleterre, débarque à Douvres. — La mémorable
bataille de la Hogue. — Olivier Cromwel dissout le par-
lement d'Angleterre. Quatre pièces en larg. par Delau-
nay. Tirage postérieur.

250. Shakspeare, " King Lear "; in-fol. en larg. par **W. Sharp**.
Belle épreuve, marges.

WHEATLEY (d'après F.)

251. The Show, petit ovale par F. Bartolotti. Belle épreuve en
bistre, marges.

WILLE (J. G.)

252. Partie de son œuvre. Dix-sept pièces in-4 et in-fol. Belles
épreuves.

WILLE (d'après P. A.)

253. Dédicace d'un Poème épique, par Denvel. — Le Maréchal
des Logis. — Sapeur des gardes Suisses. Trois pièces,
belles épreuves; tirage postérieur.

WILLETTE (A.)

254. L'Art du rire et de la caricature, par Arsène Alexandre.
Lithogr. in 4. Belle épreuve sur papier de Chine.

255. Sous ce numéro, il sera vendu par lots, environ treize cents
gravures. Estampes des Ecoles Française, Flamande,
Hollandaise et Italienne. Portraits, Vues, Paysages, Vignettes, etc., etc.

LIVRES

256. **Bitaubé** (Joseph). A Paris, de l'Imprimerie de Didot l'aîné.
1786, 2 vol. in-18, rel. v., t. d., figures de Marillier.

257. **Breviarum Parisiense**. Pars Hiemalis. Paris, 1736,
pet. in-8, figures, rel. maroq. noir, orn. à froid, tr. dor.
(rel. anc.).

258. **Catalogue** des objets d'arts et de haute curiosité de la
Renaissance, etc., composant la collection de M. Emile
Gavet. Juin 1877, in-4 br., nombreuses planches.

259. **Catalogue** de M. le comte A. de G. (De Ganay). Juin
1903, in-4 br., nombreuses illustrations.

260. **Cervantès** El Ingenioso Hidalgo Don Quixote de la Man-
cha. *Madrid, Ibarra*, 1782, 4 vol. in-12, rel. v., portraits
et figures par Carnicero.

261. **C. Julii Cæsaris** quæ extant ex emendatione, Jos. Sca-
ligeri. Amstelodami, typis Danielis Elzevirii, 1675, in-12,
front., rel. v.

262. **Courrier Français** (Le). Années de 1898-1899. 2 vol.
gd. in-4 cart, toile av. coins, ébarbé.

263. **Demoustier**. Lettres à Emilie sur la mythologie. *Paris,*
Renouard, 1801, 3 vol. in-8, dem.-rel. v. maroq., t. d.,
gravures de Monnet.

264. **Gessner** (Œuvres de Salomon). *Paris, Renouard, 1799.*
4 vol. in-8, portraits et figures par Saint-Aubin et
Moreau le Jeune, rel. maroq. rouge, dentelle, dos orné,
t. d., (rel. anc.).

265. **Gulliver's Travels**. Into several remote nations of the
world, by Jonathan Swift. Paris. Baudry, 1858, 2 vol.
in-12, dem.-toile, figures de Lefèvre ajoutées.

266. **Heures Nouvelles** dédiées aux dames de St-Cyr, contenant les devoirs du chrétien, etc., en latin et en français.
Paris. chez J.-B. Hérissant, 1740, in-8, rel. maroq.
Lav. large dentelle avec fleurs en mosaïque sur les
plats et sur le dos, t. d., (rel. anc.).

267. **La Fontaine**. Fables. Suite de vingt figures in-8, gravées
sur bois, d'après Grandville. *Paris, Fournier*, 1840, in-8
br. n. rog.. couverture.

268. **Nouveau Testament** (le) avec les Actes des Apôtres, tra-
duit en français, par Sacy. Orné de 112 planches gravées
sur les dessins de Moreau le Jeune. *Paris, F. Denn*, s. d..
2 vol. in-8, rel. v., dorure sur les plats.

269. **Novum Testamentum** (En grec) in quo Tum selecti
versiculi 1900, quibus omnes novi testamenti voces con-
tinentur, aftericis notantur ; tum omnes et singulæ voces,
semel, vel sæpius occurentes, peculari nota distinguuntur.
Autore **Johannœ Leusden** professore. *Amstelodami*,
en officina Wetsteniana, 1701, in-12, rel. maroq. rouge,
dos orné, t. d., (rel. anc.)

270. **Psalterium Davidis** ad Exemplar vaticanum. Anni 1592.
Lugduni apud Joh. et Dan. Elzevirios-Anno 1653, in-12,
front., rel. mar. n. (rel. anc.)

271. **Sainte Bible** (La) Contenant l'Ancien et le Nouveau Testament, traduite en François sur la Vulgate, par M. Le
Maistre de Sacy. Nouvelle édition ornée de 300 figures
d'aprèsles dessins de Mariller. Paris, chez Defer de Mai-
sonneuve, 1789, 12 vol. in-8, demi-rel. chag. v., non rogné.

272. **Scherzi**. Poetici e Pittorici. *Roma*, 1794, in-8, cart. n. rog., nombreuses planches gravées au trait.

273. **Shakespeare** (Will.). Œuvres. Bell's édition. London, 1786, 12 vol. in-12, fig., rel. v.

274. **M. Sponge's Sporting Tour** by the author of "Handley Cross", etc. *London Bradbury Agnew and C⁰, s. d.*, in-8, cart. toile. Nombreuses planches coloriées.

273. **Thucydide**. Gli otto libri di Thucydide Atheniese, Delle guerre fatte tra popoli della Morea, et gli Atheniesi nuovamente dal Greco idioma nella linqua Thoscana, con ogni diligenza tradotto per Francesco di soldo Strozzi Fiorentino. M.D.L., pet. in-8, rel. vélin, fig. et lettres ornées (rel. anc.)

GRANDE IMPRIMERIE DU CENTRE. HERBIN, MONTLUÇON